"Milano è metropoli a sé stante, nel settore immobiliare offre e pretende in modo del tutto dissimile dalle altre città italiane."

Prefazione dell'autore

Oggi io vedo opportunità immobiliari dappertutto e sono certo questo non dipenda da un mercato completamente diverso da 15 anni fa, quando mi limitavo a ristrutturare singoli appartamenti. A Milano le occasioni per guadagnare ci sono e ci sono sempre state, semplicemente nel tempo ho acquisito nuovi occhi per vederle. Questa esperienza ha avuto l'altissimo costo che hanno gli acquisti sbagliati in questo settore, ma mi ha consentito di acquisire una forma mentale dinamica che si riadatta alle richieste del momento, piuttosto che un bagaglio nozionistico statico che si dimostrerebbe presto datato.

In questa piccola dispensa ti offro una visione d'insieme del settore immobiliare milanese, ti fornisco informazioni urbanistiche e di natura fiscale, ti do suggerimenti inevitabilmente viziati dai miei gusti personali, ma soprattutto cerco di introdurti con strumenti concreti a quell'attività che, a parole, vorrebbero fare tutti.

Questo testo segue due miei libri, rispettivamente del 2012 e del 2015, che ho poi scoperto trattare temi di quello che si chiama "Igienismo Naturale"; il primo parla di guarigione e il secondo di alimentazione. Li trovate disponibili gratuitamente su Libri per iOS. Nonostante l'argomento discusso sia completamente diverso, devo a questi precedenti la capacità e la forza di essermi messo a scrivere queste righe. Ritengo tutt'ora che i libri degli anni scorsi abbiano molto più valore del presente testo, ma mi rendo anche conto che gli interessi del largo pubblico siano diversi dai miei.

Certo che, tra molte cose che ti appariranno ovvie, troverai qualche spunto interessante, ti auguro una Buona Lettura e ti invito a prendere contatto con me ai riferimenti in firma, nel caso ritenessi possa esserti utile per una consulenza su un progetto specifico, che preveda la cessione o l'acquisto di un immobile.

Cordialmente, Giorgio Bogoni

--
Bogoni dott. Giorgio Valentino
Consulente Immobiliare
Via Larga 16
20122 Milano
Mobile 338.2884255
Voce 02.58437645
Email giorgio.bogoni@me.com

Indice

Lavorare con gli immobili, qui e ora

Ho voluto che il titolo di questa dispensa fosse auto-esplicativo; contenesse cioè l'oggetto di cui tratta, l'obiettivo che si prefigge di raggiungere, nonché il luogo e il momento di applicabilità delle indicazioni che fornisce. Nelle pagine che seguono troverai perciò preziosi consigli per conseguire un utile attraverso la compravendita o l'affitto di immobili residenziali, quindi esclusivamente ad uso abitativo, a Milano e nel presente periodo storico. Milano è stata l'unica città il cui valore degli immobili è cresciuto nel 2018.

Sottolineo che quanto scritto non è necessariamente valido in un'altra città o magari nello stesso capoluogo lombardo anche solo tra qualche anno. Potrai mettere ugualmente in pratica molte mie considerazioni di carattere generale ma, nonostante edifici e quartieri non si spostino, lo scenario immobiliare è in continuo mutamento e dovrai contestualizzare sempre in maniera appropriata le tue decisioni.

Il consulente immobiliare

La figura del consulente immobiliare è nuova e risponde all'esigenza di darti informazioni precise e aggiornate, in modo da consentirti di decidere come muoverti nel mercato.

Il consulente immobiliare ha sufficienti competenze tecniche nell'ambito delle costruzioni, conosce le normative igienico-sanitarie ed è aggiornato dal punto di vista fiscale; non entra nel dettaglio di questi ambiti, delegando ai diversi professionisti, ma ne sa quanto basta per avere una visione d'insieme spiccatamente operativa. Non devi confondere il consulente con l'agente immobiliare, che si occupa invece di far incontrare la domanda e l'offerta, promuovendo la compravendita e l'affitto degli immobili. I consigli degli agenti sono inevitabilmente viziati dai loro interessi personali e le loro competenze sono specifiche per l'utente finale, chi andrà ad abitare la casa, e non per te che vuoi lavorare con gli immobili.

Ho scritto questa dispensa rendendo semplice e accessibile molta informazione di settore e, per questo, terminata la lettura potresti credere di sapere ormai tutto ed essere tentato di risparmiare sulla figura del consulente immobiliare. Te lo sconsiglio, perché giocare senza conoscere tutte le regole del gioco può essere molto più costoso: in ambito immobiliare si muovono importi significativi per chiunque e quasi nessuno può permettersi un errore.

Inoltre questo testo ha dichiaratamente lo scopo di metterti a conoscenza delle dinamiche di settore, non di formarti a sufficienza per prendere decisioni importanti in autonomia. Personalmente, riterrò di aver raggiunto lo scopo per il quale ho scritto questo libro, nel momento in cui avrò suscitato il tuo interesse al mondo immobiliare.

Case e proprietari

Essere proprietario della casa che abiti è motivo di serenità e indice di ricchezza, perché ti solleva dal costo di un affitto, una voce che a Milano incide pesantemente sul bilancio mensile familiare.

Diversamente possedere una seconda o magari una terza casa, pur confermandoti benestante, può essere fonte di ansia e preoccupazione. Le tasse legate alla proprietà (IMU, TASI, TARI, IRPEF), le spese condominiali e magari anche i fissi delle utenze (elettricità, gas e acqua potabile) trasformano l'immobile lasciato vuoto in un costo annuale che è stato il principale motivo della decadenza di nobili famiglie, proprietarie di consistenti patrimoni immobiliari.

Di fatto, è solo il tuo atteggiamento a fare la differenza: se consideri la casa come una fonte di ricchezza, ti comporterai al pari di un imprenditore in grado di massimizzare la rendita che può offrirti; se invece la ritieni un problema, finirai con il lamentarti al bancone di qualche bar millantando le spese che devi sostenere.

Il proprietario di casa ha quindi la fortuna di possedere un bene di valore, ma deve agire responsabilmente, se non vuole che la sua fortuna diventi la sua rovina.

Il tuo profilo immobiliare

Non siamo tutti uguali: ognuno di noi ha una diversa propensione al rischio imprenditoriale, ma è anche più o meno disposto ad affrontare noie e problematiche di varia natura. Inoltre c'è chi desidera fare di quest'attività un lavoro a tempo pieno, mentre per altri è un impegno secondario, utile per arrotondare lo stipendio, o magari solo per pura soddisfazione personale.

La capacità di affrontare serenamente i problemi e il tempo che sei disposto a investire sono i due principali fattori che definiscono il tuo "profilo immobiliare". Quest'ultimo determina quali attività ti si addicono e quali è meglio che tu eviti.

In particolare questa dispensa tratta della compravendita con l'obiettivo di realizzare una plusvalenza immediata, delle locazioni a lungo termine e degli affitti brevi di pochi giorni.

Preciso da subito che, operando in ambito immobiliare, dovrai confrontarti con molte persone e questo comporterà problemi relazionali che saranno per te fonte di stress. Inoltre, se deciderai di gestire direttamente un'attività di affitti a rotazione veloce, la tua vita privata ne risentirà in maniera significativa. Entrambe le cose sono inevitabili, perché caratteristiche di questo lavoro.

Un mercato consolidato

Un titolo azionario viene quotato in Borsa in maniera precisa e uguale per tutti, diversamente una casa ha un valore diverso per le singole persone, perché suscita in loro emozioni assolutamente personali: un giardino potrebbe essere valorizzato tantissimo dal padrone di un cane e visto come potenziale accesso di ladri da parte di una mamma apprensiva. Inoltre non c'è modo di cambiare il valore di un'azione, mentre è possibile intervenire con ristrutturazioni o piccoli abbellimenti per rivalorizzare un immobile.

Credo sia proprio questo a rendere affascinante ai miei occhi il settore immobiliare: offre la possibilità di guadagnare con l'ingegno, anziché con la fortuna o il lavoro pagato sulla base del tempo dedicatoci. È bellissimo.

Ciononostante non credere che il mercato immobiliare non sia consolidato: esistono precisi valori, oltre i quali nessuno è disposto a comprare e sotto i quali nessuno è disposto a vendere, semplicemente non sono definibili con facilità. Non credere di poter trovare un "intenditore" perdutamente innamorato della tua casa e per questo disposto a pagarla qualsiasi prezzo e devi anche sapere che le vecchiette che svendono il loro appartamento, inconsapevoli del suo valore, sono ormai morte tutte.

Purtroppo è un mito anche quello di fantomatici cinesi a spasso con una valigetta piena di contanti. Mi dispiace doverti disilludere, siamo a Milano nel 2019.

Comprare casa

Questo paragrafo tratta del momento in cui dovrai deciderti a entrare nel mondo immobiliare acquistando una casa per investimento, oltre cioè a quella che abiti.

Voglio innanzitutto che ti sia chiaro che stai scambiando del denaro, puro potenziale con il quale puoi acquistare qualsiasi cosa e far fronte immediatamente a eventuali imprevisti che potrebbero capitarti, con un immobile. Quest'ultimo è un'inesauribile fonte di spese, tasse, preoccupazioni e problemi; soprattutto potrà esser riconvertito in denaro solo attraverso una lunga fase di vendita, che verosimilmente si concluderà lasciandoti profondamente insoddisfatto del prezzo realizzato. Devi sapere che stai cedendo una fonte di serenità per l'esatto opposto. Peraltro, se stai investendo solo una parte dei tuoi risparmi o se sei estremamente fiducioso nelle tue capacità, ti assicuro che poche attività sono in grado di darti tanta soddisfazione.

Come scegliere l'immobile

Per aiutarti nella scelta della casa non mi dilungherò in consigli generici e fuorvianti, quali prediligere un'abitazione in prossimità della metropolitana o evitare un piano alto senza ascensore, preferisco piuttosto darti qualche indicazione finalizzata a formare il tuo modo di pensare, perché ogni appartamento è sia giusto che sbagliato, solo sulla base della visione che ne hai e dei tuoi obiettivi.

Il tipo di abitazione che stai cercando dipende dal tuo personale profilo immobiliare e dal motivo per cui la stai acquistando, se per la rivendita nel breve o per la locazione. Devi sapere che ogni casa ha un "valore" e una "commerciabilità", quest'ultima esprime la velocità con la quale puoi venderla.

Se vuoi rivendere, magari dopo un intervento di ristrutturazione, hai bisogno di un prodotto molto commerciale, cioè appetibile per l'acquirente generico. Questo è un concetto fondamentale, perché siamo tutti tentati ad acquistare basandoci sui nostri gusti personali e questi potrebbero essere estremamente particolari. Io, abituato a camminare in montagna, considero un'abitazione a 500 metri dalla metropolitana come se ne fosse servita, ma per la maggior parte della gente quella non è una distanza pedonale. Quindi, se l'intenzione è la rivendita, sii disposto a pagare qualcosa di più pur di entrare in possesso di un prodotto con le due caratteristiche che non puoi cambiare: una zona di Milano richiesta e uno stabile bene abitato e con le parti comuni che siano almeno decorose. Meglio ancora sarebbe trovare un appartamento con un'unicità: un grande terrazzo al piano sul soggiorno, una vista particolarmente bella o magari un giardino piantumato.

Se diversamente stai acquistando per una locazione a lungo termine, dovresti guardare gli appartamenti con un ottimo rapporto qualità/prezzo. In questo caso devi considerare un investimento ad almeno 8 anni, perché il contratto di affitto standard è sempre un 4+4, e per questo motivo puoi puntare su una zona periferica che ritieni si rivalorizzerà e/o uno stabile un po' malconcio per il quale siano però già deliberati interventi di ripristino. L'importante è trovare un immobile che costi poco e che non abbia molte spese di mantenimento, perché saranno a tuo carico per lungo tempo (anche se nel contratto vengono esposte al di fuori del canone di locazione, la percezione di chi sta cercando casa in affitto è "quanto mi costa al mese, comprese le spese" e quindi, nel mercato della domanda/offerta, ricadono su di te). In questo caso puoi anche andare alla ricerca di appartamenti penalizzati in qualche modo e conseguentemente in vendita da lungo tempo, per proporre un prezzo di acquisto molto basso; ovviamente devi essere conscio del fatto che difficilmente potrai rivenderli in caso di necessità.

Se invece stai comprando casa per utilizzarla per un'attività di affitti giornalieri, rivolta prevalentemente ai turisti, hai bisogno di caratteristiche ancora diverse: una posizione centrale o comunque molto ben collegata al centro di Milano, una zona piacevole e un condominio che non osteggi questo tipo di locazione.

Per quanto riguarda la metratura da acquistare, se vuoi rivendere opta per un bilocale perché è sempre il più commerciabile, se vuoi affittare a lungo termine compra un monolocale perché ha una resa maggiore e non rischi di trovartelo occupato da una famiglia che smetta di pagarti, mentre se vuoi lavorare con i turisti scegli un grande appartamento da dividere in più unità indipendenti (ognuna con il proprio bagno) perché questa attività genera un utile importante solo centralizzando costi, servizi e impegno per più di un cliente allo stesso tempo. Se pensi di gestirlo direttamente, non trascurare la distanza di questo appartamento dalla tua abitazione.

Dove rivolgersi per trovare l'immobile

Adesso che sai cosa acquistare, resta da decidere a chi rivolgerti per trovare l'immobile. Puoi ascoltare le proposte delle Agenzie immobiliari, cercare tra gli appartamenti messi in vendita dagli stessi proprietari o spulciare tra i prossimi bandi d'Asta.

Le Agenzie immobiliari trattano la quasi totalità degli immobili in vendita a Milano e ti consiglio di rivolgertici con fiducia. Non preoccuparti troppo del costo delle provvigioni di agenzia perché, anche quelle che verserai tu, possono essere considerate a carico del venditore, nel momento in cui chi acquista "fa il mercato e il prezzo" ed è libero di offrire in Proposta un importo dal quale si è già scontato le sue commissioni di Agenzia. Puoi avere la fortuna di trovare un agente estremamente competente che ti sarò di grande aiuto, ma c'è anche la possibilità che tu finisca nelle mani di un ragazzino inesperto, o peggio di un furbo. Nulla di male, devi solo tener presente che l'unico obiettivo dell'agente immobiliare è chiudere la trattativa nell'ambito della correttezza formale e che dovrai quindi esser tu a scoprire gli eventuali difetti dell'immobile che ti sta proponendo, semplicemente perché evidenziarteli è contro il suo interesse. Comunque le Agenzie offrono anche utili servizi accessori, quali la gestione di una pratica di accesso al credito (mutuo) per mezzo di un broker finanziario, e sono in grado di rispondere alla maggior parte delle tue domande. Sono definitivamente il canale da privilegiare nella ricerca di una casa adatta alle tue esigenze.

L'acquisto di un appartamento presso un'Agenzia immobiliare segue un iter ben preciso: la presa visione di più soluzioni dopo aver selezionato sulla carta quelle che soddisfano i tuoi requisiti, la verifica della casa prescelta attraverso ulteriori visite e la lettura dell'inerente documentazione, la stesura di una Proposta di acquisto al prezzo che ritieni opportuno e alle tue condizioni (completa di un piccolo assegno che ti impegna all'acquisto), la stipula di un Preliminare di Vendita o Compromesso, durante il quale versi una somma maggiore e solitamente paghi le provvigioni di agenzia, e il Rogito Notarile che completa la Compravendita con il saldo del prezzo e l'intestazione dell'immobile a tuo nome. Nel corso invece di una trattativa diretta tra proprietario e acquirente, sei libero di mimare questo iter completo o andare direttamente a rogitare.

La Proposta può essere "libera", e quindi immediatamente efficace, o "vincolata a mutuo", cioè in attesa che la Banca verifichi sia la tua personale posizione economica (ti renda quindi titolabile di un finanziamento sulla base del tuo reddito e di un passato di buon pagatore), sia il valore di quello che vuoi acquistare. Per questo servirà un passaggio successivo: se ti riterrà finanziariamente solido, la Banca incaricherà un perito che andrà a visitare l'immobile che hai scelto e redigerà una perizia che ne attesti il valore e, su questa base, deciderà quanti soldi prestarti. In questo modo, pur essendo la perizia a tuo carico, la Banca ti tutela indirettamente, perché non ti erogherà denaro se ritiene che tu stia pagando un prezzo troppo alto o se pensa che la casa abbia dei problemi. Ovviamente agisce così perché teme di ritrovarsi in mano un prodotto che non vale i soldi che ti ha prestato, nel caso tu smetta di pagare il mutuo e debba riprenderselo, ma la perizia ti fa anche da ulteriore verifica. Sappi che l'agente immobiliare, a tutela degli interessi suoi e del proprietario, continuerà a proporre ad altri l'immobile per il quale hai fatto una Proposta vincolata a mutuo, per cui potrebbe non essere più disponibile al termine delle verifiche bancarie.

Tieni anche presente che la figura dell'agente immobiliare è necessaria, come coordinatore, nel caso volessi investire in un immobile senza aver soldi, utilizzando cioè unicamente quelli del mutuo bancario. Se guadagni a sufficienza e se l'appartamento può essere periziato un valore superiore di quello che effettivamente paghi, puoi chiedere un mutuo per l'intero valore della casa, contrariamente all'abituale 80%, e/o far figurare in Proposta un importo che includa tutte le spese (notarili, delle imposte, dell'Agenzia e del broker finanziario) quasi acquistassi un pacchetto "tutto incluso", in modo da costruirti un mutuo magari al 120%! Credo sia inutile sottolineare che la tua Banca farà di tutto per evitare che tu la raggiri in questo modo, ma è anche vero che se pagherai tutte le rate del mutuo sarà stata ugualmente contenta di averti prestato il denaro.

In alternativa, puoi rinunciare al supporto di un'Agenzia immobiliare e cercare casa tra quelle messe in vendita direttamente dai proprietari, in questo caso dovrai gestire l'eventuale pratica di mutuo con un broker finanziaria o direttamente presso gli sportelli della tua Banca. Il vantaggio del broker è che si trova in contatto con diversi Istituti bancari e può presentare contemporaneamente la tua richiesta seguendo diversi canali; permettendoti quindi di scegliere le condizioni migliori, tra quelli andati a buon fine.

Non credere che rivolgersi ai proprietari si traduca in un risparmio per te, è vero l'esatto opposto: solitamente chi vuole vendere casa prova inizialmente a realizzare il prezzo che ha in mente, quasi sempre molto più alto del mercato, con qualche annuncio e un po' di passaparola, per poi rassegnarsi e rivolgersi a un'Agenzia immobiliare. Quest'ultima dapprima lo accontenta e prova a mettere in vendita alla cifra che lui vuole (pur di farsi dare l'esclusiva e sottrarre il prodotto ai concorrenti), ma non investe minimamente in pubblicità a un prezzo nel quale non crede e pianifica invece successivi incontri con il proprietario per ribassare la richiesta sostenendo che "il mercato non risponda". Quindi, il più delle volte, comprare dai privati significa accedere a una costosa "prima scelta" che ha senso solo se stai cercando un immobile molto commerciale per il quale sei disposto a pagare qualcosa di più: solo i gioielli riescono a essere venduti sovrapprezzo prima di finire nelle mani delle Agenzie. Questo ovviamente vale in generale, devi prendere ogni mia considerazione con le dovute eccezioni.

Hai poi la possibilità di cercare tra gli immobili all'Asta, partecipare a un'Asta è facilissimo e non richiede il supporto di tutte le Agenzie che sostengono di aiutarti nell'iter procedurale. Di fatto non fanno nulla più che un po' di organizzazione, della quale puoi fare assolutamente a meno, in cambio di una provvigione in caso di aggiudicazione. Dopo aver cercato l'immobile sul sito web dei Tribunale di Milano, piuttosto che sui portali che fanno da motore di ricerca, devi leggere con attenzione i documenti. Non preoccuparti di ipoteche e trascrizioni, perché verranno cancellate prima che ti venga assegnato il bene, e tieni presente che hai anche la possibilità di pagare una sanatoria per pregressi abusi edilizi, entro 120 giorni dal trasferimento di proprietà. Ricorda però che, per quanto sia vero che l'acquisto dal Tribunale è quello più sicuro perché ripulito da tutti i diritti d'altri, stai comprando casa "nello stato urbanistico in cui si trova", senza poterti lamentare successivamente, ma nessun Agenzia avrebbe comunque potuto cambiare questa condizione. Hai invece il pieno supporto del Curatore Fallimentare, il cui nome è in evidenza nella pubblicità dell'Asta, per qualsiasi domanda. A questo punto devi fissare la visita all'immobile contattando il Custode dello stesso (se è la SIVAG, la richiesta di visita viene prenotata dal loro sito) e metterti in attesa; tipicamente tutti gli interessati vengono radunati nel corso di uno o più giorni la settimana antecedente l'Asta, quindi non preoccuparti se non ti rispondono subito. Se l'immobile ti piace, leggi la procedura di iscrizione all'Asta nell'Avviso: questo documento descrive nel dettaglio come fare a iscriversi e, se qualcosa non ti è chiaro, poi ancora una volta rivolgerti al Curatore. Di fatto dovrai mettere in una busta chiusa la Domanda di Partecipazione con i tuoi dati e una marca da bollo da 16 euro, la fotocopia dei tuoi documenti personali e un assegno circolare pari al 10% della tua offerta (che sarà il minimo, cioè il 75% del Prezzo Base d'Asta). Presenterai la busta nei termini indicati sull'Avviso e andrai all'Asta. Se avrai la fortuna di trovarti da solo, la tua offerta sarà stata impegnativa e dovrai solo completare l'acquisto saldando l'importo complessivo, oltre le spese di trasferimento del bene, solitamente entro 120 giorni; diversamente cominceranno i rilanci verbali a partire dal prezzo più alto trovato nelle diverse buste (che facilmente scoprirai tutti pari all'offerta minima che hai fatto anche tu, perché non ha senso indicare di più in prima battuta). Il maggior offerente si aggiudicherà l'immobile nel giro di qualche mese, liberato a cura e spese del Tribunale da eventuali occupanti senza titolo, e agli altri sarà reso immediatamente l'assegno circolare, in modo che possano riavere i loro soldi sul conto corrente, riportandolo alla

Banca che lo ha emesso. Acquistare all'Asta è anche conveniente perché le spese sono ridotte, dal momento che non si paga l'onorario al Notaio perché il Rogito è sostituito dal Decreto di Trasferimento, emesso direttamente dal Tribunale.

Tecnicamente è tutto qui e ti assicuro che nessuno ha accordi con nessuno, che le Aste non sono truccate e che non troverai un gangster a minacciarti al momento dei rilanci. Al massimo, se sarete solo in 2 o 3, qualcuno potrebbe proporti quella che sarebbe una gravissima "turbativa d'Asta", offrendoti del contante a fronte di un accordo pre-Asta a non rilanciare, ma nulla di traumatico per il tuo senso etico perché sarai liberissimo di declinare la proposta.

Chiarito questo, aggiungo anche che, a meno tu non sia interessato a un immobile molto malconcio, nel 2019 troverai all'Asta troppi concorrenti per pensare di poter fare un affare nella città di Milano. Talmente tanta gente che verosimilmente il prezzo si alzerà oltre i valori di mercato, anche perché spesso sarà presente qualcuno con ragioni personali per avere un interesse esagerato per quel particolare immobile e quindi disposto a spendere oltre misura. Gli immobili all'Asta vengono pubblicizzati moltissimo e non puoi sperare di essere l'unico ad averli notati.

Comunque ti invito ugualmente a fare questa esperienza, ma non credere che il costo si limiterà alla marca da bollo per la partecipazione. Dedicherai molto tempo a leggere tutta la documentazione, visionerai l'immobile, parlerai con il Curatore e l'Amministratore di condominio, quindi compilerai con cura la domanda solo dopo averci pensato molto bene, perché impegnativa nel caso non avessi concorrenti. Poi andrai all'Asta e vedrai il prezzo lievitare oltre quanto avresti mai potuto pensare. L'indomani, tornando in Banca per versare il tuo circolare, sentirai il peso di tutta l'energia investita in un mese di attesa, senza aver concluso nulla e ti consolerai ripensando al vincitore che, trascinato dall'impeto della gara, ha comunque pagato troppo.

Da anni è ormai quasi impossibile aggiudicarsi all'Asta un appartamento a buon prezzo nel Comune di Milano, stanno terminando anche gli affari nei Comuni limitrofi e forse nel 2019 bisognerà avere il coraggio di anticipare i tempi e partecipare alle Aste per le case nelle province meno appetibili, dove ci si può ancora scoprire unici partecipanti, oppure acquistare prodotti non residenziali in vista di un cambio di destinazione d'uso.

Cosa controllare in fase di acquisto

"Comprare casa" è composto da due parole: il verbo "comprare" e il complemento oggetto "casa". Devi quindi accertarti solo di due cose: che tu stia effettivamente acquistando irreversibilmente la proprietà dell'immobile e che quello che stai comprando sia veramente una casa.

Della prima cosa si occupa il Notaio: verifica che su quel determinato immobile non ci siano ipoteche, trascrizioni o vincoli. Di fatto controlla, per te che sei il suo cliente, che nessuno abbia titolo per rivolere indietro il bene che stai comprando. Il Notaio chiede anche conferma alle Parti, chi vende e chi compra, che la casa corrisponda alla planimetria catastale, quella cioè depositata al Catasto Urbano dei Fabbricati ed ivi identificata con tre coordinate: foglio, mappale o particella e subalterno (ad eccezione del trentino Alto Adige che usa il Sistema Tavolare). Però il Notaio inizia il suo lavoro dalla precedente compravendita e non si spinge a verificare il passato più remoto dell'immobile: riprende il lavoro del suo collega verificando le modifiche fatte dall'ultimo proprietario, chiedendogli le Pratiche Edilizie da lui presentate e citandole nell'atto di Rogito.

Deve infatti esserti chiaro che quello che stai comprando è quello che è scritto negli Atti di Fabbrica depositati in Comune in fase di costruzione dell'edificio e confermato dal Verbale di Terza Visita (eventualmente poi modificato attraverso successive Pratiche Edilizie) e un errore nel corso dei passaggi di proprietà dell'immobile potrebbe essere ormai storicizzato, ma non per questo avvallato dal Comune. Si sta comprando sempre quello che è depositato presso l'Urbanistica del Comune, non quello dichiarato dalla categoria catastale (A/3, A/10, C/3, C/2...) e rappresentato sulla scheda catastale che il Notaio utilizza per l'atto di compravendita.

Il Catasto ha infatti solo valore fiscale, serve per pagare le diverse tasse sulla base della Rendita Catastale che attribuisce all'immobile, mentre "cosa" stai comprando risulta solo in Comune. Oggi l'allineamento tra l'Urbanistica Comunale e il Catasto è crescente perché è stato reso molto difficile fare una modifica al Catasto senza aver aperto prima una richiesta in Comune, attraverso una Pratica Edilizia, però molti immobili in vendita sono ancora viziati da vecchie modifiche solo catastali, non notificate cioè ai Comuni.

Ad esempio può capitare tu creda di acquistare una casa perché dalla scheda catastale risulta "A/4", mentre uno dei precedenti proprietari ha arbitrariamente variato solo catastalmente in abitazione (A/4) quello che era un magazzino (C/2), semplicemente perché lo ha ristrutturato e abitato. Il Notaio non richiede d'ufficio gli Atti di Fabbrica, anche perché procurarseli ha tempi lunghissimi, e di fatto tu stai comprando quello che magari era il fienile dell'abitazione e tale risulta ancora in Comune.

Ricordati quindi di accertarti sempre che quella che stai comprando sia una casa. Puoi tranquillamente evitarlo se si tratta di un appartamento che fa parte di uno schema di condominio, ma stai attento alle soluzioni indipendenti molto vecchie, ai loft, ai seminterrati e alle mansarde. Spesso non sono case e, nella peggiore delle ipotesi, possono non avere neppure la "permanenza di persone" ed essere quindi oggetti quasi privi di valore.

Infatti il diritto alla "permanenza di persone" è fondamentale perché l'immobile sia uno spazio residenziale. In fase di costruzione, la dimensione del terreno e i parametri del Piano Regolatore definiscono quanto volume, e quindi superficie, si possa costruire per essere utilizzata con fini abitativi: la SLP (Superficie Lorda complessiva di Pavimento). Se, ad esempio, nell'edificio è stato costruito inizialmente un magazzino o un solaio senza "permanenza di persone", sarà praticamente impossibile convertirlo poi in un'abitazione, perché verosimilmente il terreno non avrà SLP residua da utilizzare o sarà stata suddivisa tra diversi proprietari, come nel caso di un Condominio. Solo un Condono Edilizio può trasformare la destinazione d'uso dell'immobile, ad esempio da box ad appartamento, in deroga alla presenza di SLP residua (oltre alla complessa pratica di Recupero del Sottotetto) e, per inciso, anche alla verifica dei requisiti igienico-sanitari.

Un'altra cosa da verificare in fase di acquisto, ma di questa se ne occupa il Notaio, è l'eventuale presenza di donazioni nella storia dell'immobile. Il problema delle donazioni è che eventuali eredi non noti alla morte del donatore, tipicamente figli illegittimi, hanno 10 anni di tempo per chiedere la loro eredità e quindi una parte del tuo acquisto. Chiaramente è improbabile che non si siano fatti vivi al momento della morte del parente e devono comunque portare fondata dimostrazione della loro richiesta, ma fino a un paio di anni fa le Banche non erogavano mutui per case su cui gravavano precedenti donazioni e, anche se puoi acquistare in contanti, te lo sconsiglio perché avresti comunque difficoltà a rivendere successivamente. Infatti il problema non è tanto il ripresentarsi dell'improbabile erede, quanto la compromessa commerciabilità del bene, fino a 10 anni dalla morte del donatore, che potrebbe non interessarti solo se hai intenzione di affittare a lungo termine. Recentemente sono nate anche polizze assicurative a copertura del "rischio donazione", ma è comunque un costo aggiuntivo che devi valutare con attenzione.

Comprare con i soldi della Banca

Se hai la fortuna di essere finanziabile, di possedere cioè le caratteristiche per le quali le Banche ti considerano una persona affidabile, che verosimilmente pagherà il mutuo per tutta la sua durata, puoi investire nella tua seconda casa... i soldi della Banca e pagare le rate del mutuo erogato con la rendita da locazione dello stesso appartamento comprato! Se guadagni bene, magari riesci anche a farti coprire l'intero costo dell'immobile (mutuo al 100%) invece del solito 80%.

L'idea di farsi coprire le rate con la rendita dell'immobile contiene però un ovvio rischio intrinseco: la possibilità che, per qualche ragione, la casa smetta di produrre una rendita. Dal momento che la Banca pretenderà una copertura assicurativa sull'immobile a fronte di improbabili eventi catastrofici, l'unico rischio concreto è trovarti con un conduttore disonesto o in difficoltà, che smetta di pagarti l'affitto. Tuttavia neppure questa eventualità ti getterà sul lastrico perché, se la Banca ti ha prestato i soldi, significa che ha stimato che il tuo reddito ti consentirà di vivere e continuare a pagare il mutuo anche in questo caso.

Hai quindi la concreta possibilità di fare un investimento immobiliare accendendo un mutuo, soprattutto adesso, perché il costo del denaro è particolarmente basso e puoi garantirti un tasso fisso con quotazioni impensabili anche solo pochi anni fa.

Vendere casa

Questo paragrafo tratta del momento in cui deciderai di vendere casa. Lo farai perché sarai disgustato dai problemi avuti con l'immobile o perché avrai bisogno di liquidità, fosse anche solo per reinvestirla in un progetto immobiliare di più ampio respiro. In entrambi i casi ricordati che sarai vulnerabile all'aggressività delle proposte degli offerenti solo nella misura in cui avrai fretta di concludere la trattativa. Ciononostante dovrai avere anche un profondo rispetto per ogni Proposta concreta ti venga fatta, successivamente potresti trovarti senza clienti e pentirti di non averla accettata, magari in un momento di mercato al ribasso.

Fai-da-te o Agenzia immobiliare?

Maturata la convinzione sia giunto il momento di vendere, dovrai scegliere se impegnarti in prima persona o rivolgerti a un'Agenzia immobiliare che promuova l'immobile al tuo posto.

Se deciderai di provare a vendere da solo, risparmierai molto denaro perché sono virtualmente a carico del venditore tutte le provvigioni, sia quelle che pagherai tu all'Agenzia (e ricordati, a fronte di un'esclusiva a trattare l'immobile, di proporre una percentuale sensibilmente più bassa di quella che viene chiesta all'acquirente), sia quelle che pagherà l'acquirente. Ribadisco questo perché, come ti spiegavo, il mercato è costituito dalla cifra complessiva che il potenziale cliente è disposto a spendere per una casa come la tua e quindi le provvigioni che versa all'Agenzia sono soldi che non offre a te. Per contro, esiste un nutrito segmento di clientela che si rivolge esclusivamente alle Agenzie immobiliari perché sente di aver bisogno di supporto e tutela e questi clienti sono anche quelli che spesso sono disposti a pagare un po' di più.

Se, come molti, comincerai optando per il fai-da-te, inserisci il tuo annuncio sui principali portali immobiliari (casa.it, immobiliare.it, idealista.it, subito.it), ma soprattutto metti un cartello "Vendesi" all'ingresso e fotocopia 50 UNI-A4 da cui ricavare 200 biglietti "Privato vende nello stabile qui a fianco" da distribuire nelle caselle della posta degli edifici nelle immediate vicinanze della casa in vendita. Quest'ultimo suggerimento ha più valore di quanto tu possa immaginare: un numero impressionante di compravendite si conclude con chi già abita nei pressi dell'immobile e compra per un figlio o un parente; conosce bene la zona, ma soprattutto ha un reale bisogno di una casa dove si trova la tua.

Se diversamente non hai voglia o tempo di dedicarti alla vendita, rivolgiti a un'Agenzia immobiliare nei pressi della casa che vuoi cedere, è importante che sia un'Agenzia di zona e che abbia la sufficiente visibilità da essere sicuramente visitata da un potenziale cliente che cerchi casa lì. Molti franchising soddisfano questi requisiti, per cui fatti fare una valutazione da più Agenzie e fai trattare il tuo immobile a chi ti convince di più, senza farti ingannare da chi lo sopravvaluta o ti propone provvigioni più basse. È giusto che l'Agenzia venga pagata per il lavoro che svolge, devi solo verificare che questo lavoro non sia limitato a mettere un cartello in vetrina, uno all'ingresso dello stabile e inserire un annuncio su Internet. Questo significa non investire praticamente nulla, perché tutte le Agenzie hanno pacchetti di inserzioni prepagate sui portali immobiliari, e chi non investe non crede alla possibilità di vendere il tuo immobile al prezzo che chiedi, ma ti sta solo legando con un'esclusiva con l'obiettivo di farti ridimensionare la richiesta nel tempo. Diversamente, a fronte di un impegno da parte tua, devi pretendere un marketing attivo nell'ambito delle loro clientela, dopo aver verificato con loro che il prezzo che chiedi sia concorrenziale con l'offerta di zona. Negare l'esclusiva, con l'intento di dar più visibilità alla tua casa attraverso Agenzie concorrenti, può essere una strategia da valutare ma, a molti potenziali clienti, dà la percezione di un prodotto commercializzato da tutti perché poco vendibile. È vero che potresti raccogliere proposte a seguito di veloci tentativi di vendita da parte di agenti che aggressivamente propongono prima il tuo immobile, proprio perché vogliono chiudere la compravendita al posto dei loro concorrenti, ma verosimilmente saranno anche proposte molto basse da parte di quei furbi a spasso a "tentare affari immobiliari". Diversamente trovo sia una buona idea concedere un'esclusiva limitata a tre mesi, in modo da non invogliare l'Agenzia a ritardare una promozione attiva del tuo immobile, preferendo quelli "in scadenza".

Appoggiarsi a un mediatore immobiliare è quindi una decisione da prendere a fronte del tempo che hai a disposizione e della tua propensione a gestire una trattativa. Io ti suggerisco di cominciare a farti un'idea del valore del tuo immobile facendolo valutare dalle Agenzia di zona e confrontandolo con l'offerta già sul mercato, quindi riservarti un primo breve periodo per provare a venderlo da privato, in moda da accedere alla clientela già pronta all'acquisto, per poi metterti nelle mani delle Agenzie, cominciando da quella che ti ha ispirato più fiducia in fase di valutazione.

Sappi comunque che, per quanto la figura del mediatore dia al cliente una più solida percezione di valore dell'immobile, introdurre un'Agenzia immobiliare significa sempre aggiungere un terzo attore che, pur tutelando le Parti, cercherà prima di tutto di perseguire i suoi personali interessi. Se immagini la trattativa come un tiro alla fune tra venditore e acquirente, per raggiungere un accordo, devi vedere l'agente come qualcuno che tira la fune da un'altra parte ancora, alla ricerca di un nuovo equilibrio. Quanto questo sia un bene dipende, in larga misura, da serietà, capacità e competenze del professionista al quale ti sei rivolto.

Come decidere il prezzo di vendita

Per quanto riguarda invece il prezzo di cartello al quale proporre la tua casa, devi prevedere che chi acquista pretenderà comunque di farsi uno sconto, grande o piccolo che sia. Lo farà più facilmente con un grossolano arrotondamento, che scontandosi una percentuale, per cui mettere in vendita a 168.000 euro già significa raccogliere proposte non superiori a 160.000 euro, ma anche a 158.000 da parte dei più furbi. Infatti è un atto di astuzia da parte del cliente scrivere una Proposta di acquisto leggermente più bassa di una cifra tonda, perché suscita ingenuamente nel venditore il pensiero di fare una controproposta arrotondata per eccesso, in questo caso a 160.000 euro. Così facendo avrai infatti l'impressione di aver guadagnato 2.000 euro, perdendo di vista la tua richiesta iniziale.

Per inciso, una controproposta è una Proposta d'acquisto scritta e già firmata dal venditore che varia alcune clausole di una Proposta ricevuta, solitamente il prezzo o la tempistica di pagamento, in modo da invogliare l'acquirente ad accettare un piccolo scostamento delle condizioni da lui inizialmente pensate, a fronte di una semplice firma per accettazione. In qualità di venditore puoi sempre valutare di farla, anche come tentativo nell'ambito dei termini di validità della Proposta che hai in mano, tipicamente 15 giorni, che resterà comunque valida se la controproposta non dovesse essere accettata.

Premesso quindi di riservarsi un po' di margine per l'inevitabile trattativa, devi renderti conto che il prezzo lo fa il mercato e non il tuo legame affettivo all'immobile, né quanto lo hai pagato in fase di acquisto e nemmeno quanto è riuscito a venderlo qualcuno nella stesso stabile anche solo 3 mesi fa.

Il valore degli immobili oscilla quanto le azioni delle Società quotate in Borsa ma, a differenza di queste ultime, nessuno è in grado di conoscerlo con precisione. Ciononostante questo valore esiste ed è molto pericoloso sovrastimare la tua proprietà in un momento di mercato in contrazione: ti troveresti a dover abbassare il prezzo mesi dopo, quando la tua casa varrà ancora meno, "inseguendo la vendita, senza mai raggiungerla". Mi piace dire che ogni vendita è possibile perché è una trattativa a sé stante, ma si potrà concludere con probabilità crescenti all'approssimarsi del prezzo al valore di mercato.

Come scrivevo, decidi il prezzo di cartello dopo aver ascoltato le valutazioni delle Agenzie immobiliari di zona e soprattutto dopo aver preso visione dell'offerta di prodotti analoghi al tuo; ma aiutati anche con strumenti quali il Borsino Immobiliare dell'Agenzia delle Entrate, che tiene traccia del minimo e del massimo dei prezzi al metro quadro ai quali sono avvenute le compravendite nelle diverse aree di Milano.

Pubblicati i primi annunci, ricevere un discreto numero di telefonate di interessati ti darà conferma di aver messo in vendita la casa al giusto prezzo: molta gente cerca casa a Milano e se non dovesse chiamarti quasi nessuno, o solo Agenzie alla ricerca di clienti, capiresti subito di aver esagerato nella stima. Non preoccuparti, è assolutamente normale e potrebbe persino essere una strategia nella speranza di un colpo di fortuna. Puoi comunque abbassare la tua richiesta in qualsiasi momento e, dopo un paio di settimane di scarso movimento, ti consiglio di farlo.

Ma questo è il momento di vendere?

Sei anni fa la bolla speculativa ha cominciato a sgonfiarsi e il valore delle case a Milano è bruscamente crollato, è poi seguito un periodo di stabilità e adesso i prezzi stanno tornando a salire: da almeno un anno sono in ripresa nel Centro di Milano e questa tendenza si sta allargando a macchia d'olio, coinvolgendo già adesso le zone semi-centrali. Si avverte qualche segnale positivo anche in periferia.

Questa tendenza di mercato potrebbe suggerirti di aspettare ma, per quanto non creda assolutamente che la direzione del movimento si invertirà nel breve, questo non significa che non sia il momento di mettere sul mercato la casa che vuoi vendere da tempo. Potresti invece approfittare di questa ragionevole previsione del prossimo futuro per proporla a un prezzo leggermente superiore, in modo che sia tra le prime comprate quando il mercato raggiungerà quei valori. All'opposto potresti pensare di impegnarti per un acquisto di un nuovo immobile tra quale mese, fissando però il prezzo ora, a fronte della liquidità generata da una vendita che in questo periodo è più facile che in altri.

Nell'ambito del 2019 esiste poi quella che chiamo la "stagionalità delle compravendite": queste ultime si concentrano infatti nella primavera e soprattutto nel primo autunno, al ritorno dalle ferie. Riuscirai a vender casa durante tutto il corso dell'anno, ma ci sono periodi un cui il numero degli scambi è maggiore.

Comunque, se hai un immobile sfitto, prima di chiederti se questo sia il momento di vendere, devi fare i conti di quanto ti stia costando tenerlo fermo e agire di conseguenza. Come vedremo più avanti, potresti anche decidere di locarlo; in questo momento voglio solo evidenziarti che spesso chiederti se forse non ti convenga aspettare è solo un modo di procrastinare l'azione: è sempre il momento di vendere, come di acquistare, se lo fai

con intelligenza e attenzione.

Guadagnare con la compravendita

Nulla è gratificante quanto guadagnare una somma importante con l'ingegno e il settore immobiliare offre questa opportunità: credo che la capacità di dare espressione al concetto astratto di rivalorizzazione di una casa sia latente nella maggior parte di noi e farne una fonte di reddito è concretamente possibile, quantomeno nella vivacità del mercato milanese.

Alla ricerca della casa

Innanzitutto devi sapere che a Milano c'è moltissima gente che cerca di fare piccola speculazione immobiliare con i propri risparmi e che è abbondantemente finito il tempo di una lucrosa rivendita dopo una veloce ristrutturazione di facciata. Oggi devi davvero offrire una radicale rivalorizzazione del prodotto che hai comprato, nel rispetto del tuo cliente finale che acquisterà il servizio che gli hai reso con le tue capacità e il tuo tempo.

Ricordati che hai accesso agli immobili su tutto il territorio urbano al pari di centinaia di altre persone con le tue stesse intenzioni e che la differenza è data solo dalle tue competenze, le tue finanze e le tue capacità relazionali e visionarie. Conoscere bene l'urbanistica, ti consentirà di vedere le potenzialità di una casa precluse ai tuoi concorrenti. Possedere la liquidità necessaria all'acquisto e al successivo intervento di ristrutturazione, ti eviterà i costi aggiuntivi di un finanziamento che spesso rendono poco interessante l'operazione. E infine, sappi che dovrai sviluppare le tue capacità di relazionarti con gli interlocutori immobiliari e quelle di impostare e seguire il progetto dall'acquisto alla vendita, in tutti i suoi aspetti.

Fatte queste premesse, sei pronto per cominciare la tua avventura alla ricerca della casa che, ricordatelo, saprà darti soddisfazione nella misura in cui ci dedicherai la tua attenzione. Per cominciare ti invito a ragionare in prospettiva: ogni tua azione dovrà essere misurata dal punto di vista del tuo futuro acquirente - anche se non lo conosci ancora, quella è la persona dalla quale dipendi, quella per la quale stai lavorando.

Come scrivevo, se la tua intenzione è rivendere nel breve, devi cercare un prodotto molto commerciale: solo una gran quantità di potenziali clienti è in grado di garantirti la veloce rivendita di cui hai bisogno, perché se il tuo lavoro non verrà apprezzato da uno di loro, potrà essere comunque valorizzato da qualcun altro. Milano è suddivisa in zone e la maggior parte delle persone cerca casa scegliendo innanzitutto la zona, quindi il primo parametro che rende una casa commerciabile è la sua posizione: valuta i prezzi delle diverse zone e cerca l'appartamento in quella più cara tra quelle che conosci bene, al limite delle tue potenzialità economiche. Le aree più ambite tendono a saturarsi prima e conseguentemente i prezzi lieviteranno più velocemente, anche nel corso dei mesi durante i quali sarai proprietario dell'immobile. Devi poi dare particolare importanza al contesto in cui si colloca l'appartamento: il Condominio, l'accesso e la vista dalle finestre. Non preoccuparti troppe dei servizi offerti nei pressi dell'abitazione: a Milano le persone sono disposte a spostarsi e l'intera città è complessivamente ben servita, la valutazione della zona contiene implicitamente questa considerazione. Non dare importanza neppure alla classe energetica, non è un parametro significativo in un tessuto urbano costituito prevalentemente da edifici vecchi e quindi poco performanti da questo punto di vista.

Devi piuttosto decidere, sulla base dell'offerta che troverai, se esporti a qualche rischio in più, in vista di un potenziale maggior guadagno. È un po' quello che succede acquistando titoli obbligazionari societari con un rating più basso. Puoi infatti accedere a un prezzo più interessante ai prodotti scartati dai tuoi concorrenti: un piano terra o un secondo piano senza ascensore in una zona ambita possono essere un buon affare con ottime possibilità di rivendita, così come puoi valutare un appartamento con un affaccio discutibile se il prezzo è decisamente basso per la zona: troverai sempre qualcuno che vuole abitare lì pur non potendosi permettere un prodotto bellissimo.

Comincia dai portali immobiliari su Internet e poi visita gli appartamenti, nell'occasione cerca di costruire un rapporto con gli agenti immobiliari lasciando in evidenza la tua richiesta, del resto sono loro i tuoi fornitori. Sii chiaro nelle tue intenzioni, non fingere di acquistare casa per abitarci, e fagli capire che sei disposto a pagargli una buona provvigione a fronte di un prodotto che ti consenta di fare l'operazione. Quasi tutte le agenzie Immobiliari si riservano per loro gli affari da rivendere nel breve, intestandoli a parenti e amici, ma capita spesso che non abbiano le risorse per lavorarli tutti e allora cercano di spuntare provvigioni extra da quelli che cedono. È un vantaggio che pagano sostenendo le spese di una vetrina su strada e non trovo sia poi tanto vergognoso che cerchino di guadagnare qualcosa in più quando gli è possibile. Instaura una trattativa, stando attento a non oltrepassare la soglia che ti renda poco interessante ai loro occhi: tendenzialmente accontentali nella richiesta iniziale, a fronte di un'esclusiva per un certo numero di mesi in rivendita, ma senza provvigioni. In questo modo porti a casa il risultato gratificando nell'immediato la loro avidità, instauri un'utile collaborazione a lungo termine e recuperi sul bilancio complessivo dell'operazione risparmiandoti le provvigioni di rivendita, che oltretutto non sono detraibili dalla plusvalenza.

Quindi, anziché indignarti, ti consiglio di considerare questo loro atteggiamento come una risorsa e collaborarci con intelligenza, del resto ti stanno vendendo le loro competenze nel selezionare il prodotto che ti occorre e soprattutto ti offrono la disponibilità dello stesso. E questo ti è molto utile, perché l'affare lo devi fare in fase di acquisto: al momento di rivendere dovrai assecondare il cliente che ti ha onorato con una Proposta in linea con la tua richiesta e avere ancora margine di guadagno.

Quanto pagare l'immobile

Purtroppo non esiste alcun titolo che ti abiliti ad essere "commerciante di case", non benefici di sconti da distributore, né agevolazioni di sorta. Acquisti il prodotto da ristrutturare accedendo allo stesso mercato dei tuoi clienti finali e questo ti fa capire che devi davvero ingegnarti e lavorare se vuoi guadagnare qualcosa, oltre a ripagarti le spese dell'intestazione e della ristrutturazione.

Infatti, in fase di acquisto dovrai sostenere dei costi a fondo perso: l'Agenzia che ti ha trovato l'immobile e quelli legati all'atto di compravendita: l'onorario notarile e l'Imposta di Registro che, sulla seconda casa, è il 9% del valore catastale moltiplicato per 126. Complessivamente sono parecchie migliaia di euro, nonostante tu stia già beneficiando della Legge Bersani, senza la quale avresti dovuto pagare il 9% sull'intero valore di compravendita. Puoi evitarti quest'ultima spesa solo concordando con il venditore che rimarrà lui proprietario dell'immobile fino alla rivendita al tuo cliente finale; in questo caso fiscalmente dovrai denunciare il guadagno nel rigo "Altri utili" del tuo Modello Unico, ma comunque difficilmente il venditore accetterà perché, in qualità di proprietario, rimarrebbe responsabile di eventuali incidenti sul cantiere in fase di ristrutturazione.

Considerati quindi i costi di acquisto, quelli di intestazione per il breve periodo durante il quale sarai proprietario e tutti gli oneri di tua competenza per il tempo che intercorre tra acquisto e rivendita (spese condominiali e tasse di proprietà), dovrai pagare l'appartamento davvero poco per poter sperare di rivenderlo guadagnandoci. E dovrai anche essere molto veloce a lavorarlo, per non sostenere a lungo le spese e non rischiare di trovarti in un mercato più basso di quello nel quale hai acquistato.

Sapere quello che si sta facendo

Nell'intraprendere un'operazione immobiliare non puoi assolutamente permetterti di essere "generico": ogni tua scelta, tanto nell'acquisto quanto nella ristrutturazione, deve essere fatta tenendo in considerazione chi sarà il tuo cliente finale.

Puoi decidere di creare un piccolo monolocale di lusso in Centro perché ne hai notato la carenza e per questo cercare un appartamento a buon prezzo, magari collocato a un piano alto senza ascensore, ma eccedere nel lusso degli interni. Puoi decidere di preparare un bilocale come prima casa per una coppia in un Comune limitrofo a Milano, selezionando una località ben collegata alla metropoli con i mezzi, predisponendo un'abitazione generosa negli spazi, che giustifichi la scomodità di essersi allontanati dalla città, e ristrutturarla con cura ma semplicemente. Diversamente puoi decidere che il tuo cliente sarà un nord-africano che lavora a Milano e vuole fare il ricongiungimento familiare con moglie e figli. In questo caso hai bisogno di un prodotto molto economico, perché probabilmente è un monoreddito che dovrà farsi erogare l'intera cifra dalla Banca, ma con le metrature minime richieste dalla legislazione sul ricongiungimento. Per questo potrebbe essere persino controproducente spendere soldi nella ristrutturazione e preferibile quindi limitare le spese all'adeguamento e alla certificazione gli impianti.

A fronte delle difficoltà economiche di un crescente numero di persone, è anche intelligente creare quelle che chiamo "le case che si pagano il mutuo da sole". Devi acquisire un immobile almeno intorno ai 60 mq., creare un piccolo disimpegno all'ingresso (se non hai avuto la fortuna di trovare un appartamento con il doppio ingresso) e quindi dividere la metratura complessiva tra un piccolo bilocale (40 mq.) e quella che assomiglia a una stanza d'albergo con bagno (15-20 mq.). Chi acquista abiterà il bilocale, facendo il mutuo per l'intero appartamento di 60 mq. e pagherà poi le rate utilizzando i soldi che guadagnerà affittando la stanza d'albergo. Capisci che una casa strutturata in questo modo ha un valore intrinseco che la rende molto più interessante agli occhi dei potenziali clienti e questo si traduce in un maggior valore in rivendita e in una più veloce commerciabilità. Tieni presente che questo genere di operazione ha successo perché soddisfa un recente bisogno di affitti poco costosi a Milano, ma il

Regolamento Edilizio milanese vieta gli appartamenti sotto i 28 mq. calpestabili. Tu però non stai frazionando i 60 mq. in due appartamenti, perché catastalmente continuano ad essere l'unico immobile sul quale il tuo cliente farà il mutuo, semplicemente ne offri una godibilità separata a due persone. Dovrai anche poi ragionare su come separare in maniera opportuna gli impianti elettrici, del riscaldamento e dell'acqua sanitaria.

Un'altra opportunità è predisporre un immobile per gli investitori. Ci sono moltissime persone insoddisfatte dal rendimento del denaro lasciato in Banca o presso le Compagnie di Assicurazioni, che guardano con interesse alla redditualità delle locazioni immobiliari. Per gratificare le loro esigenze, puoi creare un grande appartamento che venga utilizzato da differenti nuclei familiari (sullo stile di quello descritto nel paragrafo precedente), ma anche un semplice bilocale nei pressi di un'Università tagliato su misura per gli studenti: accesso in una cucina comune servita dal bagno e due o tre camere separate. Puoi persino spingerti a offrire un servizio ulteriore, predisponendo la rete Internet sempre richiesta in queste situazioni.

Un discorso a parte merita la possibilità di proporre agli investitori un immobile già a reddito, in modo da dargli la possibilità di vedere quanto possano guadagnare. Devi però assolutamente evitare di aprire un normale contratto di locazione 4+4, perché questo abbasserebbe il valore della tua casa, in quanto verrebbe percepita come "non disponibile" e insinuerebbe il dubbio tu la stia vendendo a fronte di un conduttore poco solvibile. Diversamente è una buona idea contrattualizzare la gestione dell'appartamento, per un periodo non troppo lungo, con una società che si occupi di affitti brevi: potrai mostrare il contratto sul quale è indicato il fisso mensile che percepisci e, a necessità, tornare facilmente nella disponibilità della casa. Inoltre molto spesso è la stessa società che si occupa della gestione ad offrirti la possibilità di vendere mentre affittano i locali.

La tassazione sulla compravendita immobiliare

Guadagnare comprando e vendendo le case è una delle poche attività consentite al privato, senza cioè l'obbligo di diventare ufficialmente un imprenditore aprendo una Partita IVA. Come privato puoi anche gestire un B&B o compravendere autovetture, ma nessun'altra attività può offrirti la marginalità della vendita di immobili con intelligenza e perseveranza.

La visibilità fiscale del privato è estremamente ridotta e la tassazione contenuta, ma la compravendita non deve diventare "reddito di impresa": se cominci a vendere 2 o 3 case all'anno, il fisco obietterà che la tua è una vera e propria attività imprenditoriale e che stai eludendo la tassazione, ben più importante, riservata a un imprenditore. Questo nonostante tu stia regolarmente pagando le tasse da privato. Del resto per lo Stato è facilissimo osservare i tuoi movimenti immobiliari e stimarne il numero nel tempo, perché ogni atto viene registrato in telematico con il tuo codice fiscale. Quindi, proprio perché la legge non definisce una soglia precisa tra quella che può essere definito l'attività di un privato e quella di un imprenditore, se hai intenzione di lavorare nel settore è sempre preferibile, come ho fatto io, aprire una Ditta Individuale con la quale svolgere serenamente questa attività. In generale la maggior tassazione e i costi amministrativi ridurranno il tuo utile, però un'oculata attenzione alle spese che il tuo commercialista riterrà possibile scaricare dalla gestione aziendale porterà indubbi vantaggi. Approfondisci con lui anche l'alternativa di aprire una Srl, valutandone pro e contro sulla base della tua attività e del tuo patrimonio personale.

Nel dettaglio, mentre la tassazione riservata al possessore di Partita IVA è quella di una qualsiasi azienda, applicata all'utile calcolato per differenza tra incassi e spese; come privato paghi le tasse sulla plusvalenza calcolata nel momento in cui vendi il singolo immobile. Si definisce plusvalenza la differenza tra il prezzo di vendita e i costi sostenuti per l'acquisto (l'Agenzia immobiliare e il Notaio) e per incrementare il valore dell'immobile (tipicamente la ristrutturazione). Questa definizione purtroppo non consente di detrarre dal proprio guadagno eventuali provvigioni pagate all'Agenzia immobiliare al momento della rivendita. Il Fisco ti offre due diverse possibilità di essere tassato sulla plusvalenza, a tua libera scelta in qualità di contribuente: pagare il 20% in tassazione separata direttamente al Notaio al momento della vendita, oppure inserire questo guadagno tra gli "Altri utili" nella compilazione del Modello Unico dell'anno successivo. Nella maggior parte dei casi ti sarà più conveniente la prima forma di tassazione, perché aggiungere un ulteriore reddito al tuo Modello Unico solitamente ti comporta una percentuale di tasse ben superiore al 20%.

Come privato sei però affrancato da qualsiasi tassa quando lo Stato ritiene che il guadagno che hai conseguito con la vendita dell'immobile non sia stato intenzionale, cioè tu non abbia avuto un intento speculativo. Questo avviene in due casi: quando rivendi dopo almeno 5 anni dall'acquisto e quando vendi la casa che è stata la tua residenza, o quella dei tuoi familiari, per oltre la metà del tempo intercorso tra acquisto e vendita. Quindi, se puoi permetterti di tenere l'appartamento in locazione per 5 anni o decidi di abitarlo, eviterai di pagare la tassa sulla plusvalenza. Il calcolo dei 5 anni è ovviamente tra le date degli atti notarili di acquisto e vendita, quindi nessuno ti vieta di firmare anzitempo un Compromesso e incassare anticipatamente parte dell'importo pattuito. Inoltre esiste la possibilità di stipulare una "vendita con patto di riservato dominio" che prevede una condizione sospensiva sull'efficacia definitiva dell'atto a fronte di un incasso incompleto: in questo caso, i 5 anni vengono calcolati alla data del successivo saldo, anziché a quella dell'atto di vendita, anche se è consuetudine trasferire fiscalmente l'immobile al tuo cliente fin dalla data del rogito. Potrebbe anche esserti utile sapere che se acquisti un grande appartamento per abitarlo e successivamente lo frazioni e ne vendi una parte, non sarai soggetto a tasse su questa vendita anche se avverrà prima dei 5 anni, in quanto non sarà considerata speculativa, come invece lo sarebbe se vendessi una superficie costruita ampliando la tua proprietà o recuperandone il sottotetto.

Benefici fiscali a fronte di spese per ristrutturazione

Sono ormai moltissimi anni che l'Italia incentiva interventi di recupero del patrimonio edilizio nazionale, permettendoti di detrarre dalle tasse una parte dei soldi che hai speso per la ristrutturazione. La premessa è quindi che devi avere un reddito, perché lo Stato non ti promette di renderti una quota di ciò che ti è costato l'intervento, ma ti offre una detrazione fiscale.

Il sito dell'Agenzia delle Entrate è l'unico riferimento valido e aggiornato per quanto riguarda le tipologie di intervento per le quali è consentita questa detrazione e le modalità con le quali operare, puoi scaricare una Guida molto chiara e completa in formato PDF. Leggila con attenzione, perché ogni anno cambiano alcune cose e questo è il motivo per cui non ti indico percentuali di detrazione, massimali o interventi ammessi, quello che vale oggi probabilmente non varrà nel 2019.

Il concetto di base è che puoi detrarre, per mezzo di un apposito rigo presente nel Modello Unico, una percentuale di quanto hai speso per la ristrutturazione e il successivo arredo della casa. In particolare esiste poi un incentivo maggiore per le opere che hanno migliorato il "contenimento energetico", cioè la capacità della tua casa di trattenere l'energia spesa per la climatizzazione. Dal momento che la detrazione raggiunge cifre importanti, questa viene intelligentemente spalmata in parecchi anni successivi; hai comunque capito che ogni anno perderai la parte di detrazione in eccesso rispetto alle tasse che devi pagare.

Ti invito a porre particolare attenzione a quali opere siano oggetto di detrazione fiscale; non potrai infatti beneficiarne per interventi quali la semplice sostituzione delle piastrelle del bagno, ma potrai detrarre anche questa spesa se fa parte di un intervento più ampio. In linea di massima, è detraibile tutto quanto fai a seguito della presentazione di una Pratica Edilizia presso il Comune di Milano, ma esistono ristrutturazioni per le quali questa non è richiesta, ugualmente soggette a detrazione. Dai precise indicazioni all'impresa circa la descrizione delle opere da utilizzare in fattura: trova parole che definiscano l'intervento tra quelli inequivocabilmente ammessi alla detrazione, ma non far descrivere minuziosamente i lavori eseguiti (in questo modo farai rientrare nel totale anche quelli discutibili). Ad esempio, con un intervento finalizzato alla sicurezza, che preveda l'installazione di un antifurto con cavi sottotraccia, puoi tranquillamente scaricare dalle imposte anche la tinteggiatura di tutta la casa, preferibilmente con l'accortezza che sia l'azienda di antifurti a fatturarti tutto il lavoro, subappaltando l'imbiancatura.

La procedura per detrarre dalle tasse parte delle spese sostenute è stata progressivamente semplificata negli anni. Ad oggi è sufficiente conservare le fatture delle aziende e avere l'accortezza di pagarle utilizzando uno speciale "bonifico parlante", disponibile agli sportelli bancari e sugli home banking, che prevede l'inserimento del tuo codice fiscale e della Partita IVA del beneficiario. Questo iter consente allo Stato la tracciabilità dell'operazione, con conseguente successivo controllo telematico in automatico dell'importo che ti detrarrai dalle tasse, e una preventiva tassazione dell'impresa (viene infatti già trattenuta dalla Banca una percentuale dei soldi che invii con il bonifico). Solo per le piccole spese per gli elettrodomestici a risparmio energetico è consentito il pagamento con carte. A partire dall'anno successivo dovrai poi indicare sul Modello Unico il riferimento all'immobile sul quale hai operato e per quale importo. Dal momento che in questa fase indicherai i dati catastali dell'appartamento (foglio, mappale e subalterno), trovo preferibile far specificare sempre queste coordinate nelle singole fatture che ricevi dalle imprese e riportarli nella descrizione dei bonifici con i quali le paghi. Ricordati che puoi detrarre anche eventuali opere condominiali, per la tua quota millesimale, a fronte del possesso della dichiarazione rilasciata dall'Amministratore.

Nel caso vendessi la casa che hai ristrutturato prima del termine del periodo durante il quale ne stai godendo i benefici, fai indicare nell'atto notarile di compravendita che scegli di proseguire a beneficiare delle detrazioni fiscali, diversamente gli anni residui passerebbero all'acquirente. Potresti tentare di vendergli questo vantaggio, ma è qualcosa che difficilmente potrebbe capire e conseguentemente valorizzare.

Sempre in tema di agevolazioni, ma in forma di beneficio diretto e non di detrazione fiscale, devi sapere che hai diritto all'IVA agevolata al 10% anziché al 22% sulla fattura che ti farà l'impresa, almeno per una quota pari al doppio del valore della manodopera. L'idea è infatti incentivare il lavoro, non la rivendita di manufatti, quindi sull'importo residuo andrebbe applicata l'IVA al 22% - dico "andrebbe" perché una descrizione sufficientemente generica solitamente nasconde le situazioni in cui la manodopera incide per poco meno della metà dell'imponibile. Per applicarti l'aliquota IVA agevolata, l'impresa ti chiederà un'Autocertificazione in cui dichiari di averne diritto. Stranamente l'IVA al 10% si applica anche sui manufatti che compri direttamente tu (caldaia, porte...) in presenza di una Pratica Edilizia Comunale, mentre se acquisti un semilavorato o un materiale (cappotto termico, vernice...) l'aliquota è quella ordinaria.

La tua prima operazione di compravendita

Nel progettare la tua prima operazione di compravendita immobiliare non avventurarti in qualcosa di troppo complesso: non pensare a una nuova costruzione o al recupero di un sottotetto, ma nemmeno a un ampliamento di un edificio esistente. Evita anche i cambi di destinazione d'uso, da ufficio o negozio ad abitazione, perché soggetti a una legislazione che non conosci e talvolta anche al pagamento di oneri. Persino comprare un rudere, nel quale hai intravisto delle potenzialità, potrebbe trasformarsi in un incubo nel relazionarti per mesi con l'Ufficio Tecnico del Comune di Milano.

Come prima operazione ti consiglio un semplicissimo frazionamento di un grande appartamento in due più piccoli. Beneficerai della ridotta concorrenza nell'acquisto di un prodotto più grande e guadagnerai nel modo più banale, ma anche più sicuro: semplicemente perché il valore al metro quadro è maggiore per un appartamento più piccolo. Inoltre a Milano, a differenza di altri Comuni limitrofi, non ti viene chiesto un nuovo posteggio per l'unità immobiliare che stai creando e quindi non dovrai pagare nulla in termini di oneri, nemmeno la monetizzazione di quest'ultimo. Dovrai solo occuparti di avere due accessi indipendenti alla superficie che hai acquistato, del frazionamento degli impianti e della creazione dei nuovi contatori. Se non hai avuto la fortuna di trovare un appartamento con due accessi, molti immobili signorili hanno infatti un secondo ingresso di servizio che porta in cucina, e il Condominio non ti consente di aprire una nuova porta sul pianerottolo, puoi sempre creare un piccolo disimpegno comune ai tuoi due appartamentini, che accatasterai come proprietà di entrambi senza rendita. Poserai facilmente un secondo contatore elettrico, ma potresti avere difficoltà con quello del gas perché è ormai vietato collocare nuovi contatori all'interno delle proprietà private e potresti non trovare uno spazio comune con i necessari requisiti di areazione. Se il riscaldamento è condominiale puoi però evitare tranquillamente l'utenza gas utilizzando uno scaldabagno elettrico e un piano cottura a induzione. Le eccezionali performance dei nuovi macchinari a pompa di calore, ti consentono inoltre di valutare anche un riscaldamento elettrico e di produzione di acqua calda sanitaria integrato nell'impianto di raffreddamento, evitando il gas anche negli appartamenti non serviti da una caldaia condominiale.

In alternativa, se non sei una personalità particolarmente dinamica, la tua prima operazione immobiliare potrebbe essere il semplice acquisto di una nuda proprietà che faccia capo a un unico usufruttuario. Troverai in vendita appartamenti in cui è specificato "Nuda Proprietà", questo significa che non entrerai materialmente in possesso dell'immobile perché un'altra persona ne ha diritto all'uso, l'usufruttuario appunto, per tutta la Vita. Solo al momento della sua morte tu disporrai della casa, comunicando al Catasto la variazione della proprietà a fini fiscali: da quel momento pagherai le tasse allo Stato, mentre prima di allora ti competeranno solo le spese straordinarie perché aumentano il valore del tuo bene. L'acquisto di una nuda proprietà è un'operazione che non mi piace, perché stai congelando per un tempo indeterminato le potenzialità del tuo denaro e poi, di fatto, ti metti in attesa della morte di una persona. Te ne parlo ugualmente perché, se hai abbastanza liquidità da poterne investire una parte che sicuramente non ti serve, potrebbe essere comunque un acquisto intelligente in questo momento di mercato nel quale la rendita in Banca è davvero bassa e la recessione economica rende molto difficile vendere una nuda proprietà e quindi puoi spingere la trattativa a valori ben più bassi delle tabelle che legano percentualmente il valore commerciale di un immobile all'età dell'usufruttuario.

Guadagnare con gli affitti

Il concetto di reddito passivo viene sempre spiegato prendendo come esempio il possesso di case lasciate in affitto, personalmente credo però ci sia ben poco di passivo nel comportamento che potresti dover tenere come proprietario di casa qualora ti dovesse capitare di confrontarti con inquilini perennemente in richiesta. In effetti, la maggior parte delle persone ha un buon grado di autonomia nel risolvere i piccoli problemi domestici, ma alcuni credono che il proprietario di casa sia una sorta di terzo genitore a sostegno della loro prima esperienza di vita fuori dall'ambito domestico nel quale sono cresciuti.

L'immobile per la locazione a lungo termine

Difficilmente acquisterai un immobile per affittarlo a lungo termine, ma potresti averne uno disponibile e dover decidere se optare per questo tipo di locazione o farne un altro uso.

Il tuo obiettivo deve essere avere inquilini che siano contenti di vivere a casa tua, che abbiano cioè la certezza di non poter trovare nulla di meglio. Questo perché, nonostante non sia tu a traslocare, non c'è niente di più stressante e costoso del cambio di conduttore: ti troveresti a dover disdire e riaprire contratti, discutere per gli eventuali danni trovati nell'appartamento, ripristinare tutto quanto deteriorato nel tempo e magari pagare un'Agenzia in grado di aiutarti nel trovare il nuovo inquilino.

Per limitare il turnover devi essere innanzitutto moderato nelle tue richieste economiche; chiunque può accontentarti per qualche mese quando si trova ad aver bisogno, ma probabilmente ti userà come soluzione provvisoria perché troppo costosa, appoggerà le sue valigie e se ne andrà nel giro di pochi mesi lasciando tutto sporco. Inoltre, se vuoi garantirti un affitto davvero a lungo termine, devi predisporre un appartamento comodo e arredato in maniera piacevole e funzionale. Infatti i piccoli tagli, mono e bilocali, vengono solitamente affittati arredati e tu vuoi un inquilino di lusso che non ti dia problemi: se trovassi qualcuno disposto ad affittarlo anche vuoto, probabilmente sarebbe un disperato che si accontenterebbe di qualsiasi cosa pur di trovarsi un tetto sopra la testa e smetterebbe di pagarti appena preso possesso di casa tua. Sarebbe anche preferibile trovare un conduttore con un reale interesse a vivere nella zona del tuo appartamento, magari per prossimità al lavoro o a un familiare: questo limiterebbe le sue possibili alternative e quindi la probabilità che ti lasci.

Per avere soddisfazione economica dagli affitti a lungo termine hai poi bisogno di una casa caratterizzata da spese condominiali molto contenute, perché l'inquilino valuterà il costo dell'affitto "spese comprese" e diversamente ti troveresti con un canone di locazione davvero troppo basso. Per questa attività si dovrebbero quindi evitare gli immobili con il riscaldamento centralizzato e prediligere le soluzioni "vecchia Milano" di ringhiera: le bollette del gas del riscaldamento autonomo inviteranno chi abita l'appartamento a fare attenzione ai consumi.

Per quanto riguarda invece più propriamente la tipologia dell'immobile da locare, puoi massimizzare la tua reddituralità progettando un appartamento che possa essere utilizzato da più persone: puoi immaginare due stanze separate per il soggiorno di studenti, con cucina e bagno condivisi, ma anche due appartamentini completamente separati che catastalmente costituiscano nell'insieme un solo appartamento perché non avevano la metratura minima per essere frazionati.

L'inquilino ideale

La tua prima preoccupazione deve essere firmare un contratto con una persona che ne rispetterà le clausole, caratterizzata cioè da uno spiccato senso della correttezza e dalla solidità economica e lavorativa atta a garantirgli l'oggettiva possibilità di onorare gli impegni presi con te; difficilmente troverai infatti qualcuno che, trovandosi in difficoltà, sceglierà di non mangiare pur di pagarti l'affitto. Devi sapere che un contratto di affitto è un po' come un matrimonio: qualsiasi cosa capiti al tuo inquilino, che comprometta la sua disponibilità economica, influenzerà immediatamente la regolarità dei suoi pagamenti. Infatti il canone di locazione è probabilmente la spesa più importante del suo budget mensile e anche l'unica che può smettere di pagare senza conseguenze nell'immediato.

Per questo è importante prendere informazioni sulla stabilità del suo lavoro, perché questa è la tua maggior garanzia sul lungo periodo. Diffida anche da chi non ha qualche soldo da parte per far fronte agli inevitabili imprevisti della Vita, li riconoscerai facilmente perché sono gli stessi che ti chiederanno di ridurre l'importo della cauzione.

Trovata finalmente una persona interessata alla tua casa, sarai tentato a considerarla accettabile, ad accondiscendere alle sue pretese e magari persino ad aiutarla; devi però sapere che questo è l'unico momento in cui puoi avanzare richieste atte a tutelarti in qualche modo, dopo lui avrà la disponibilità del tuo immobile e tu dovrai rivolgerti a un avvocato se smetterà di onorare il contratto tra voi. Per questo, in fase contrattuale sarebbe utile chiedere la firma di un garante (solitamente un genitore) che risponda al suo posto, nel caso lui dovesse essere inadempiente agli obblighi presi con te.

Ovviamente, dormirai sonni più tranquilli se avrai dato il tuo immobile a un conduttore che non si tratterrà a lungo nella tua città, magari uno studente che la lascerà al termine del ciclo di studi: per quanto potranno esserci dei dissapori, avrai comunque la certezza che l'immobile sarà liberato spontaneamente dopo un determinato numero di anni.

Il contratto di affitto

Il contratto 4+4 è quello che viene solitamente firmato tra proprietario e inquilino perché consente di concordare liberamente il canone (a differenza del 3+2) e il conduttore non deve avere requisiti particolari. "4+4" significa che ti stai impegnando a lasciare la casa a quella persona per 4 anni e, a meno che non ricorrano precise motivazioni al termine di questa prima scadenza, anche per altri 4. Diversamente il tuo inquilino non si sta assumendo alcuna responsabilità al di là del darti qualche mese di preavviso nel caso decida di lasciare l'abitazione, in effetti dovrebbe poter recedere solo per gravi motivi, mentre di fatto è sufficiente che decida di farlo. Ovviamente puoi indicare nel contratto qualsiasi durata, ma il conduttore potrà poi rivalersi sempre sul suo diritto di rimanere 4+4 anni, indipendentemente da quello che avrete scritto.

Nel momento in cui firmi il contratto di locazione devi renderti conto che ti stai privando della disponibilità di un immobile, che magari vale centinaia di migliaia di euro, in cambio dell'incasso di un canone mensile. Oltretutto potresti non riuscire ad incassare questo affitto e dover pagare un avvocato per cercare di recuperare un credito, maturato durante un lungo periodo di morosità, che potresti poi scoprire inesigibile per incapacità finanziarie della controparte. Considera anche che il tuo appartamento potrebbe subire costosi danni alle finiture e agli arredi e che, nel caso dovessi aver bisogno di soldi, sarebbe molto difficile vendere una casa occupata perché i tuoi unici potenziali clienti sarebbero investitori, che oltretutto la deprezzerebbero almeno del 30%.

Fatte queste doverose premesse, procurati il contratto tipo e compilalo con i tuoi dati, quelli dell'inquilino e quelli dell'immobile. Definite il canone e fate una stima delle spese condominiali ordinarie mensili sulla base degli anni precedenti. Pagherai le tasse solo sul canone, ma non pensare di risparmiare sulle tasse gonfiando le spese e riducendo il canone: il conduttore potrà sempre pretendere a fine anno un conguaglio sulla base delle effettive spese condominiali. Quelle straordinarie saranno comunque a tuo carico, perché si considera che rivalorizzino la proprietà, che rimane tua.

Pagherai tu anche gli interventi importanti all'appartamento e ai suoi impianti, mentre l'inquilino si dovrà occupare delle piccole riparazioni. Ad esempio, la pulizia annuale dell'eventuale caldaia del riscaldamento autonomo e la sostituzione periodica dello scambiatore di calore sono a carico di chi abita la casa, mentre cambiare la caldaia è compito tuo, in qualità di proprietario. Comunque su Internet trovi elenchi dettagliati, atti a distinguere tra ciò che compete a te e ciò che compete a lui.

A questo punto devi occuparti della registrazione del contratto presso l'Agenzia delle Entrate, entro 30 giorni dalla stipula. Puoi farlo aggiungendo al contratto le marche da bollo, di data non posteriore al giorno della firma, e prenotandoti per la registrazione a un ufficio dell'Agenzia delle Entrate, oppure direttamente sul sito www.agenziaentrate.gov.it attraverso il servizio RLI web (peraltro obbligatorio nel caso tu abbia più di 10 immobili locati). Ti consiglio il sito perché, una volta create le credenziali di accesso di FiscoOnLine o la nuova identità SPID, è estremamente comodo in quanto ti consente la registrazione iniziale del contratto addebitando direttamente sul tuo conto corrente le imposte e le marche da bollo virtuali, ma soprattutto i rinnovi annuali e l'eventuale chiusura anticipata, senza dover compilare moduli bancari. Avrai sempre a disposizione un elenco aggiornato dei tuoi contratti e potrai operare con un'interfaccia che, una volta capita nei suoi meccanismi di base, non ti risulterà gradevole ma almeno funzionale. Esiste anche un numero verde di assistenza all'utilizzo dei servizi online del sito dell'Agenzia delle Entrate.

La registrazione del contratto è obbligatoria perché ti genera l'imposizione fiscale sul denaro che dichiari di incassare, tuttavia aver registrato il contratto non ti tutela in alcun modo: lo Stato non verrà in tuo soccorso se l'inquilino smetterà di pagarti, mentre continuerà a pretendere la sua parte anche sui soldi che tu non riuscirai ad incassare (a meno che tu non abbia fatto ricorso alle vie legali, sostenendo per questo altri costi).

Nel dettaglio, in fase di registrazione del contratto di affitto e poi a ogni rinnovo annuale, hai diritto di scegliere tra due opzioni di tassazione: il Regime Ordinario o la Cedolare Secca. Se scegli il Regime Ordinario, il 95% dell'importo annuo del contratto di affitto andrà a far cumulo sul reddito che dichiarerai nel Modello Unico dell'anno successivo e verrà tassato in base agli abituali scaglioni. All'apertura del contratto e poi ogni anno, verserai anche una tassa del 2% sul totale annuo (da ripartire a metà tra te e il conduttore) e, solo in fase di registrazione, i bolli (totalmente a carico dell'inquilino). Diversamente, la Cedolare Secca è una forma di tassazione separata e quindi non si somma ai tuoi altri redditi, ma ha una percentuale fissa pari al 21%. Si paga nell'anno in corso; attraverso un acconto, calcolato sulla base dell'affitto dell'anno precedente, e un saldo a fine anno. Questa opzione ti esonera dal pagamento del 2%, dei bolli in fase di registrazione e persino del costo fisso di chiusura anticipata del contratto di 67 euro.

Se il tuo inquilino è extra-comunitario ricordati che hai anche l'obbligo di compilare la modulistica nota come "Cessione di Fabbricato" e consegnarla alla più vicina Questura entro 48 ore dal suo ingresso nell'immobile, assieme alla copia dei suoi documenti.

A differenza dell'utile generato dalle compravendite immobiliari, sempre contestabile come reddito d'impresa, lo Stato accetta che un privato possegga anche un gran numero di immobili in affitto, con una conseguente redditualità annuale importante. Del resto questa è una realtà abbastanza diffusa: molte ricche famiglie posseggono rilevanti patrimoni immobiliari, spesso sotto forma di intere palazzine ereditate dai nonni, senza l'obbligo di gestirle attraverso una Partita IVA.

Massimizzare l'utile da locazione

Oggi a Milano la soluzione abitativa con il miglior rapporto reddito/costo per il proprietario dell'immobile è il monolocale: una piccolissima stanza con angolo cottura e un bagno. L'esigenza di molti è infatti uno spazio che consenta di vivere in città, serviti dalla rete dei mezzi pubblici milanese (ATM), senza dover condividere bagno e cucina. Persino in periferia è abbastanza difficile trovare questo prodotto, anche offrendo 500 euro al mese, a meno di non accontentarsi di contesti degradati.

Il Regolamento Edilizio del Comune di Milano non consente più la realizzazione di singole unità immobiliari sotto i 28 mq. calpestatili (30 mq., fino ad un paio di anni fa), ma le soluzioni microscopiche sono sempre le più redditizie perché vengono affittate "a corpo", quasi indipendentemente dalla loro dimensione. Sarebbe quindi ideale trovare monolocali tra i 15 e i 20 mq., costruiti prima del 1967 o realizzati successivamente con un frazionamento sanato per mezzo di un Condono Edilizio, perché costano poco e hanno ridottissimi costi di gestione tra spese e tasse.

Un'alternativa intelligente è acquistare un bilocale da ristrutturare costituito da un ingressino centrale con davanti il bagno e le due camere, una a sinistra e una a destra. L'idea è dividere il bagno in lunghezza, magari accorpando il cucinino che trovi spesso a fianco del bagno, e servire ogni stanza con l'accesso a un bagno personale. Ottieni quindi un disimpegno comune dall'ingressino e due monolocali indipendenti, ai quali hai aggiunto gli attacchi delle cucine sui muri che confinano con i bagni. Ovviamente non puoi frazionare l'immobile in due subalterni, né quindi venderne uno dei due, dal momento che singolarmente non raggiungono i 28 mq., ma puoi affittarli a due inquilini diversi. Infatti la modulistica del contratto 4+4 ti consente di locare una parte di un immobile (opzione P), per cui puoi registrare un regolare contratto di affitto a ciascuno dei tuoi clienti. Preparati a dover gestire l'addebito delle utenze, elettrica ed eventualmente gas metano, per mezzo di contascatti separati, o includerne il consumo a forfait nel canone di affitto, ma aspettati una rendita molto superiore a quella dell'affitto di un bilocale. Quest'ultima considerazione sulla utenze dovrebbe farti preferire bilocali con il riscaldamento centralizzato: aggiungendo un boiler elettrico in ogni bagno e una piastra a induzione in ogni angolo cottura, ti risparmi l'allaccio gas, con tutte le problematiche che comporta.

Se diversamente il taglio del tuo appartamento non ti consente la realizzazione di soluzioni indipendenti al suo interno, puoi sempre affittare le singole stanze con l'uso condiviso di bagno e cucina. In questo caso ti suggerisco di appoggiarti alla piattaforma Uniplaces, realtà affermata nell'affitto a medio termine agli studenti. In cambio di una soluzione abitativa che soddisfi le aspettative della loro clientela, Uniplaces ti garantisce soggiorni minimi di un mese con una redditualità elevata, ma soprattutto la gestione automatica degli incassi.

Guadagnare con la locazione breve

Milano si è recentemente internazionalizzata moltissimo e questo ne ha fatto una meta turistica dove la ricettività alberghiera nelle zone centrali non è sufficiente a soddisfare la richiesta. È un susseguirsi incessante di iniziative e abbellimenti che richiamano un numero sempre crescente di visitatori dall'Italia e dall'estero. Durante il periodo del Salone del Mobile di aprile, dormire a Milano può costare fino a 5 volte lo stesso pernottamento qualche giorno dopo; ma quasi ogni settimana ha ormai un nome che giustifica una visita al capoluogo lombardo della Moda e del Food.

Definizione di locazione breve

Per locazione breve intendo gli affitti di durata inferiore a 30 gg. che, per legge, non hanno l'obbligo della registrazione di un contratto di affitto. Possono essere fatti in forma imprenditoriale, aprendo quindi una Partita IVA e avviando un'attività di affitta camere o locando genericamente alcune "case vacanza", oppure come Persona Fisica, realizzando un Bed & Breakfast.

La legislazione prevede limitazioni diverse sulla base della tipologia di attività: non più di 6 camere ricavate da due unità immobiliari nello stesso condominio per gli "affitta camere", soggiorni non più lunghi di 3 mesi per le "case vacanze" e un limite di 3 camere nell'abitazione di residenza del titolare per i "Bed & Breakfast". Quello che però accomuna tutte queste piccole imprese è la clientela turistica a cui si rivolgono, i canali che vengono utilizzati per farsi conoscere e lo standard dell'offerta che si deve mantenere.

La locazione breve ti offre maggior reddititualità di quella a lungo termine, ma impone anche un impegno notevole: gestita in prima persona, equivale ad aver avviato una vera e propria attività imprenditoriale. Cedere invece il tuo immobile a una società che lo utilizzi in questo modo, offre una straordinaria libertà decisione circa cosa farne in futuro: l'impegno contrattuale è infatti solitamente di anno in anno, non di 4+4.

Predisporre un appartamento per la locazione breve

Oltre il 90% della clientela della locazione breve a Milano arriva attraverso www.booking.com, la restante se la spartiscono www.airbnb.com, www.expedia.com e altri siti minori. L'utente abitudinario di Booking presta molta poca attenzione alla descrizione della sistemazione che sceglie e, trovando il tuo appartamento listato assieme agli alberghi, tende ad aspettarsi gli stessi servizi. Ovviamente tu non sei in grado di offrirgli una reception 24h ma, se vuoi sviluppare la tua attività, dovrai fargli trovare in casa tutto quanto potrebbe servirgli: dall'asciugacapelli al bollitore, possibilmente la lavatrice, ma soprattutto la rete Wi-Fi.

Infatti tutti questi siti implementano un meccanismo di feedback che invita il cliente a dare un giudizio alla location scelta e questo punteggio è fondamentale per la crescita del tuo business: punteggi alti ti porteranno un maggior afflusso di turisti, voti bassi ti escluderanno molto presto dal giro.

In particolare, Il tuo successo è determinato da 3 cose, in ordine di importanza: la combinazione di posizione/taglio/prezzo dell'appartamento, l'attenzione e la gentilezza che mostrerai ai tuoi ospiti e gli accessori che troveranno in casa a soddisfare le loro aspettative. Dal momento che non avrai difficoltà a mostrarti disponibile, né a lasciare sul tavolo un paio di bustine di tè, approfondirò l'aspetto più significativo per questa dispensa: come scegliere un immobile con l'obiettivo di utilizzarlo per la locazione turistica. Potrai infatti decidere facilmente il giusto prezzo di un pernottamento da te, sulla base delle proposte dei tuoi concorrenti, ma anche prestando ascolto al supporto offerto dagli stessi siti: ad esempio, Booking a Milano trattiene ben il 18% dei soldi versati sul suo sito web dal pagamento che ti fa ogni 15 del mese, ma ti aiuta anche telefonicamente a sviluppare il tuo business.

Per un breve soggiorno a Milano, il turista sceglie un appartamento rispetto ad un albergo prevalentemente per risparmiare e tu puoi consentirgli di risparmiare in due modi: permettendogli di cucinare in casa e offrendogli molti posti letto. Milano è frequentata anche da famiglie numerose e da gruppi di 4-6 amici, disposti a dividersi l'ambiente dove pernottano e a usare occasionalmente un divano letto. Nonostante la legislazione vigente definisca precisi limiti per il numero di ospiti sulla base della metratura dell'appartamento, molte volte i doppi servizi igienici sono più importanti di una camera ampia e la privacy offerta da poter avere un ambiente a disposizione esclusiva della coppia ne fa facilmente dimenticare le dimensioni anguste.

Sulla scorta di queste considerazioni, il taglio ideale per l'appartamento sono circa 60 mq. nei quali avrai ritagliato un ambiente cucina e due matrimoniali, ciascuna con il suo bagno. Spazio permettendo, sarebbe ancor meglio aggiungere nelle camere una poltrona letto. Ovviamente, nelle case più piccole, puoi optare per una qualsiasi variante riduttiva di questo schema: ad esempio, un bilocale costituito da una cucina/soggiorno con un divano letto e una camera matrimoniale. È intelligente anche l'utilizzo di un letto a castello; per una o due notti, i tuoi ospiti si adatteranno volentieri.

Per quanto riguarda invece la posizione dell'appartamento, devi sapere che il guadagno e la percentuale di occupazione decrescono rapidamente allontanandosi dal Centro città: a soli due chilometri dal Duomo, lo stesso immobile incassa meno della metà. Sicuramente fotografarsi in Piazza non è l'unico motivo per il quale le persone arrivano a Milano e puoi pensare di sviluppare un'attività di locazioni brevi in prossimità di un ospedale, a servizio dei parenti dei degenti, o in una zona periferica con una stazione della metropolitana sotto casa, ma dovrai prevedere di investire in forme pubblicitarie mirate.

In termini di marketing, è poi utile promuovere il tuo immobile caratterizzandolo in qualche modo, anche solo con un arredo particolare o inserendo un pezzo da museo. Lavora di fantasia e inventati cose come il "bilocale del chitarrista", dove i tuoi ospiti avranno a disposizione lo strumento e le basi per il karaoke. Devi dare al turista una ragione per preferirti rispetto agli altri.

Ricordati anche di verificare che il Regolamento Condominiale non vieti l'utilizzo degli appartamenti a scopo di pensione, perché un divieto esplicito di questa natura e anche un solo condomino particolarmente determinato e ostile al disagio che inevitabilmente arrecherai al Condominio, sarebbero motivo sufficiente a obbligarti a desistere dal proseguire l'attività. Senza precise indicazioni sul Regolamento, la legislazione vigente ti consente invece di operare nel diritto di farlo, nonostante una recente interpretazione da parte della Cassazione omologhi queste attività a quelle alberghiere, ribaltando il punto di vista precedentemente condiviso che le vedeva svolte nell'ambito del residenziale. Di fatto, ci sono Condomini dove il problema non viene neppure sollevato, mentre in altri diventa presto motivo di accesa discussione durante le Assemblee. Comunque, nella quasi totalità dei casi, per lavorare indisturbati è sufficiente una gestione poco visibile degli arrivi e delle pulizie e una mancia occasionale al custode.

La gestione della locazione breve

L'offerta di ospitalità prevede diverse attività ben distinte: la ricerca e gestione fiscale della clientela, la comunicazione delle generalità degli ospiti alla Polizia, l'accoglienza al check-in e il controllo dell'immobile al check-out, la pulizia dei locali e il cambio di lenzuola e asciugamani.

La ricerca dei clienti viene fatta da Booking e affini, tu però dovrai far crescere il tuo business aggiornando periodicamente un annuncio che invogli i clienti e rispondendo alle loro domande; inoltre dovrai tenere un minimo di contabilità, con il vantaggio che avrai come clienti solo i portali che ti pagheranno mensilmente dopo aver raccolto i soldi dai tuoi ospiti.

L'accoglienza e la disponibilità sono fondamentali per guadagnarti un buon punteggio di feedback, ma anche stressanti: avrai clienti che arriveranno ad orari completamente diversi da quelli che ti hanno anticipato, altri che avranno bisogno di aiuto per raggiungerti e altri ancora che parleranno solo sconosciute lingue native, mentre cercherai di spiegargli come accendere il condizionatore e differenziare la spazzatura.

Infine la pulizia dell'appartamento e il cambio della biancheria da camera e da bagno costituiscono forse il capitolo più impegnativo in termini di tempo richiesto, anche perché il cambio ne prevede poi il lavaggio. Questa è la ragione per cui questi compiti sono quelli più frequentemente appaltati a personale esterno o addirittura ad aziende subappaltatrici.

Ad ogni modo, se pensi di fare tutto tu, lasciati dire che non vuoi "guadagnare con gli immobili", ma trasformarti in un albergatore! All'opposto puoi dare in mano la tua casa ad una società specializzata in affitti brevi e delegare completamente a loro la gestione, per essere pagato con un fisso mensile o in proporzione alle effettive presenze o agli incassi. Se la società è seria, riceverai puntualmente i pagamenti, suddivisi in "retribuzione" e "rimborso spese" (di quanto rimane comunque intestato a te come proprietario: energia elettrica, gas e spese condominiali), da dichiarare nel Modello Unico dell'anno successivo. Alcune forme di pagamento dovrebbero consentirti di pagare le imposte anche in tassazione separata, ma questo tema è ancora argomento di discussione tra fiscalisti.

Pianificare a lungo termine

Tutto quanto trattato in questa dispensa pretende un progetto d'insieme a lungo termine, che possa soddisfare i tuoi due principali bisogni: provare momenti di entusiasmo e godere di una sottostante continua sensazione di sicurezza. Il settore immobiliare può offrirti tutto questo, nel momento in cui deciderai di fare occasionalmente qualche operazione di compravendita, ma avrai anche pazientemente costruito quel parco-immobili in grado di garantirti la reddituabilità necessaria a una Vita serena.

Nel pianificare, ricordati che il tempo è la cosa più preziosa che tu possieda ed è quindi importantissimo creare un meccanismo che funzioni da solo, senza la tua costante attenzione. Dedicati a mettere a punto questo automatismo, piuttosto che affrontare di petto ogni cosa: è un investimento necessario perché, con il passare degli anni, avrai sempre meno voglia di confrontarti con i problemi. L'obiettivo è pianificarsi la libertà da impegni e pensieri; ad esempio, potresti decidere di delegare la gestione dei tuoi affitti, anziché occupartene personalmente.

L'impostazione di base

Nel caso tu decida di operare sia nelle compravendite che con la locazione di immobili, ti suggerisco di intestare alla tua Partita IVA tutto quanto hai intenzione di rivendere e a te come Persona Fisica gli immobili che terrai in affitto. In questo modo non sarai attaccabile dal punto di vista di un occulto reddito di impresa e potrai compensare le tasse da pagare sui proventi degli affitti con le detrazioni fiscali derivanti dalla ristrutturazioni degli stessi. Le eventuali rivendite oltre i 5 anni, per le quali non viene tassata la plusvalenza, non danno visibilità fiscale.

L'idea di base è guadagnare con le compravendite ed essere mantenuto dalla locazione dei tuoi immobili personali che si ripagheranno silenziosamente ogni 15 anni circa, senza che tu quasi te ne accorga. Del resto, nel settore immobiliare, il tempo tende a perdonare persino gli acquisti meno azzeccati.

Costruire un patrimonio immobiliare

Nel corso dell'attività di compravendita è opportuno che tu trattenga gli immobili con le caratteristiche più appropriate per generare reddito a lungo termine. Nei relativi capitoli ho descritto cosa ti occorre, dipendentemente dalla tipologia di affitto che sceglierai; aggiungo ora qualche utile considerazione relativa alla tassazione.

Il Fisco tassa giustamente chi è tanto ricco da possedere altre case, oltre a quella in cui vive. Ovviamente lo fa in proporzione al valore di queste case, che stima attraverso la Rendita Catastale moltiplicata per 100 e rivalutata del 5%. Su questo valore vengono calcolate IMU e TASI, mentre la tassa sui rifiuti prodotti (TARI) è proporzionale alla superficie calpestatile dell'immobile. L'insieme di queste tasse e le spese condominiali, possono ridurre drasticamente il tuo utile da locazione. IMU, TASI e spese condominiali sono tasse di proprietà e possono solo essere ottimizzate; diversamente puoi chiedere un'esenzione TARI se non produci rifiuti, per la legge questo avviene se l'appartamento soddisfa due condizioni: essere senza utenze e senza mobilio. Puoi ridurre le tasse di proprietà tenendo a reddito immobili piccoli e periferici, quindi con una bassa Rendita Catastale. Inoltre devi sapere che hai un jolly: la tua casa di residenza è esente IMU e TASI, indipendentemente dalla sua dimensione (a meno che non sia una rarissima casa di lusso di categoria A/1 o un castello!), e quindi puoi regolarmente affittarne una parte, purché faccia tutta capo a un unico subalterno.

Per quanto riguarda invece l'IRPEF, da pagare sul denaro incassato con gli affitti registrati in Regime Ordinario, ti spiegavo che hai la possibilità di utilizzare la detrazione fiscale delle ristrutturazioni edilizie. Questa straordinaria sinergia ti consente di incassare gli affitti virtualmente senza pagare tasse ed è il più valido motivo per non scegliere la Cedolare Secca quando stipuli un contratto di affitto, almeno nel caso tu abbia accumulato sufficiente credito fiscale.

Scegliere gli immobili nei quali intravedi potenzialità

Nella costruzione del tuo patrimonio immobiliare lasciati guidare anche dalla tua sensibilità, non deve essere tutto ridotto alla percentuale di utile netto conseguito sull'investimento: se prevedi una rivalutazione significativa in una particolare zona di Milano, giocati questa possibilità acquistando lì e lasciando l'immobile a reddito per qualche tempo, magari con la locazione breve, in modo da poterlo rivendere in qualsiasi momento. Non è impossibile che il valore di quella casa si incrementi anche del 30% o del 40% in due o tre anni, facendoti guadagnare un extra molto significativo rispetto al semplice reddito da locazione.

Il valore di una casa non segue infatti la linearità attribuita al mercato: la crescita o decrescita di qualche punto percentuale raccontata da giornali e TV è una media su un determinato territorio, assolutamente insignificante per questo lavoro. Il valore del tuo appartamento dipende dalla richiesta di zona e lo determina il potenziale cliente. Ad esempio potrebbe essere intelligente investire in una zona limitrofa a una molto richiesta, in previsione che la prima presto si saturi o comunque con l'intenzione di raccogliere la clientela che non si può permettere i prezzi delle case nel cuore della movida.

Diversificare il patrimonio immobiliare

Anche se questo testo parla esclusivamente di residenziale, preciso che potresti pensare di diversificare il tuo patrimonio tenendo in locazione uno o più immobili a destinazione d'uso commerciale: negozi e uffici. A meno che non siano in una zona estremamente appetibile, ti sconsiglio i seminterrati perché sono deprezzati dalla grande offerta a seguito della chiusura di moltissime attività artigiane che ne facevano uso. Inoltre, per quanto dall'anno scorso sia potenzialmente possibile, è improbabile che un seminterrato si presti ad essere convertito in un appartamento piacevole ed è meglio riservarsi sempre questa alternativa: a Milano saranno sempre richieste le abitazioni, mentre in futuro gli spazi commerciali potrebbero essere vincolati in maniera oggi imprevedibile.

In generale, un negozio o un ufficio può avere un miglior rapporto costo/rendita da locazione, ma contiene intrinsecamente anche un maggior rischio che rimanga sfitto. Sicuramente un negozio non ti rimarrà occupato per anni da una famiglia morosa, ma è diversamente altrettanto vero che l'andamento dell'economia nazionale potrebbe rendere poco interessante per chiunque affittartelo.

Discorso ancora diverso meritano box e posti macchina. Per quanto siano i prodotti per eccellenza che non richiedono manutenzione, nelle periferie devi fare molta attenzione al costo in rapporto al reale rendimento e appetibilità, mentre in Centro città rischi di pagare molto caro qualcosa che nessuno chiederà più, come conseguenza del controllo degli accessi in questa zona (una realtà già tristemente nota a molti silos).

Una storia di successo

Concludo quello che ha assunto l'aspetto di un manuale, raccontandoti l'idea imprenditoriale dell'Ing. Cristiano Berti, per il piacere che suscita osservare l'approccio innovativo con il quale la sua società, The Best Rent, si è inserita nel mercato immobiliare milanese.

L'attività principale, facilmente intuibile dal nome, è la locazione di alloggi a breve termine e, fin qui, Berti non avrebbe inventato nulla, se non replicare su grande scala quello che può fare un singolo proprietario: affittare il proprio appartamento ai turisti. Gestendo però un centinaio di appartamenti, questo "nulla" prevede comunque la capacità di avviare e mantenere in funzione un meccanismo sinergico tra domanda e offerta di immobili; attraverso la promozione delle soluzioni disponibili, l'accoglienza del cliente, l'assistenza per eventuali problematiche dovessero sorgere nel corso del soggiorno e la pulizia degli appartamenti. Il tutto con la giusta attenzione tanto al cliente, che scriverà il feedback, quanto al proprietario, senza il quale l'attività non sarebbe possibile.

A garanzia di uno standard qualitativo che valorizzi il marchio nel tempo, The Best Rent valuta le caratteristiche dell'appartamento, attraverso un protocollo che consente di capirne l'appetibilità per il pubblico. Proprio nel corso della verifica dello stato dell'immobile e delle dotazioni presenti, Berti ha poi la possibilità di guadagnarsi il primo indotto, offrendo al proprietario un'eventuale intervento di ristrutturazione.

Ma il passaggio veramente interessante avviene quando The Best Rent si trasforma in Agenzia immobiliare, proponendo al proprietario la vendita dell'appartamento in gestione. Acquisito infatti l'immobile per l'affitto breve, la società ne detiene la disponibilità e quindi un'implicita esclusiva nel caso il proprietario accettasse di metterlo anche in vendita. Solitamente la proposta viene poi accolta di buon grado, perché la casa nel frattempo produce il reddito promesso e l'attesa di un acquirente in grado di gratificare le aspettative di chi vende non ha quei costi fissi che solitamente spingono ad accettare Proposte di acquisto a volte più basse di decine di migliaia di euro.

Intelligentemente Berti sta promuovendo ora anche un nuovo marchio che si presenta come Agenzia Immobiliare e offre la locazione breve come servizio accessorio, durante il tempo necessario a trovare il cliente. La struttura al lavoro è la stessa e con gli stessi compiti ma, con questa nuova veste commerciale, si rivolge a chi vuole vender casa e non più a chi vuole affittarla, raddoppiando di fatto la clientela con una semplice promozione pubblicitaria. Sorprende osservare come questa Agenzia Immobiliare sarà nella condizione di garantire qualcosa che nessun'altra ha mai pensato di offrire, ma quello che trovo davvero notevole è come già oggi The Best Rent acquisisca facilmente immobili in vendita come sottoprodotto della sua attività principale, mentre per le Agenzie immobiliari la fase di acquisizione è sempre la più difficile e impegnativa.